PETITION

DES CONSCRITS

DE LA BELGIQUE

AUX

CINQ SIRES.

Le pire des États c'est l'État populaire

Corneille.

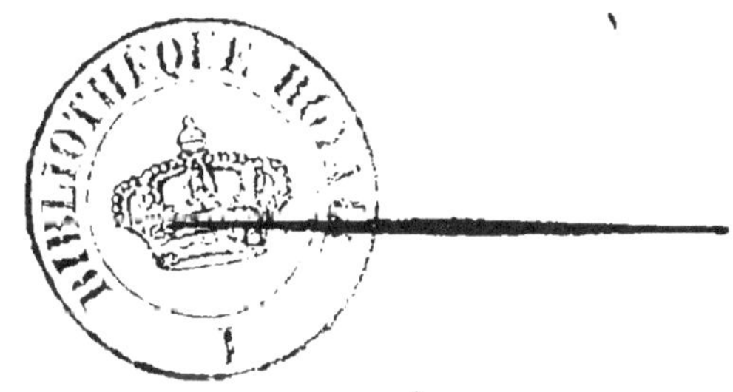

A BRUXELLES.

1798.

Ou : L'an dixième de l'anarchie en France.

AUX CINQ SIRES.

> « N'importe : à tout oser le péril doit contraindre.
> » Il ne faut craindre rien, quand on a tout à craindre.
> » …Et, quand on rompt le cours d'un sort si mal-
> heureux ;
> » Le cœur le plus perfide est le plus généreux.

Corneille.

SIRES:

Les citations sont du domaine inaliénable de la pensée : elles appartiennent à tout le monde, par cela même qu'elles ne sont à personne.

Permettez donc, SIRES, que, faisant usage des idées générales sur la situation d'une vaste province qu'il vous a plu d'assimiler à la France, je les réunisse en *faisceau*, pour vous offrir un hommage digne de vous, nos tyrans et nos maîtres.

Nous vous parlerons franchement, SIRES, parce que nous n'avons plus rien à craindre ni à ménager, et que notre infortune est à son comble.

La fleur de notre brave jeunesse s'est réunie et s'est armée, mais ce n'est pas pour vous servir ! elle ne veut combattre, et ne combat réellement que pour

A

ses autels et ses foyers. Les *régénérateurs* que vous nous avez envoyés sont parvenus à nous faire abhorrer egalement et vos personnes et vos loix. Le général *Béguinot*, qui commande ces automates mitrailleurs, s'imagine, comme vous, qu'il suffit de nous appeler *rebelles*, pour être autorisés à nous attacher à votre *république*, avec des chaînes de fer teintes du sang de nos frères ! désabusez-vous, et qu'il se désabuse : votre dictionnaire n'est pas le notre. Nous n'avons mérité cette cruelle épithète de *rebelles*, que dans le moment où l'orléaniste *Dumouriez*, revêtu du titre de ministre des Jacobins, nous dépêcha des révolutionnaires qui trouvèrent, à prix d'argent , quelques factieux parmi nous, et les portèrent à trahir notre légitime souverain l'Empereur.

Nous devinmes *Français* sans nous en douter, même sans le vouloir, et nous savons tous combien cette *précieuse* qualité nons a coûté cher.

Les *Danton*, les *Lacroix*, les *Merlin*, les *Syeyes*, &c. prétendirent avoir consulté la nation belge ; mais c'est comme vous et vos confrères avez consulté la France , pour savoir s'il vous convenoit de changer la forme de son gouvernement, d'assassiner son roi qui ne voulut jamais qu'on répandît une seule goutte de sang pour sa défense personnelle et celle de sa famille, s'il étoit à propos ,

(lorsque ce bon roi n'avoit formé les États-Géné-
raux , que pour lui faire connoître le vœu libre et
pur des trois ordres de la nation dont il étoit le
chef), de persécuter d'abord les nobles, pour
les faire émigrer, et de s'emparer de tous leurs
biens ; ensuite de poursuivre les prêtres restés fidèles à l'église et de détruire la religion catholi-
que , apostolique et romaine , à l'instigation de
Necker , huguenot, et d'une foule d'autres étrangers, avanturiers et mauvais sujets , de toutes les
conditions et de tous les pays.

Vous ne vous êtes point bornés à ce prélude
d'horreurs ? vous avez incarcéré les honnêtes-gens
de toutes les classes ; vous en avez fait périr des
milliers ; vous vous êtes saisis de leurs propriétés ;
vous avec CRÉÉ des émigrés sur vos listes de proscription , et vous y établissez même ceux dont les
verroux de vos cachots vous répondoient du do-
micile ; vous pratiquez encore cet odieux strata-
gême... Vous avez *vendu* leurs meubles et im-
meubles , ou , pour mieux dire, vous les avez
donnés à des particuliers qui ne possédoient rien ,
et que vous avez voulu attacher de cette façon à
votre république. Vous avez porté la guerre chez
toutes les puissances... Vous avez ravagé tous les
pays d'outre-mer. Vous avez décrété le meurtre ,
le régicide , l'athéisme et la famine. Vous avez

accablé les peuples de *réquisitions* en hommes, en chevaux, en bled, en habits, en linge, en argent. Vous les avez forcé de recevoir des monnaies fictives, à l'aide desquels vous pompiez tout le numéraire, et vous avez fait autant de banqueroutes frauduleuses, que vous avez mis en circulation de papier. Malgré cela, vous avez lévé des impôts sous toutes les formes et vous ne cessez encore d'établir des impositions. Vous vous emparez des caisses de négocians associés; vous mettez même à contribution celles de certains spectacles. Vous avez fini par proscrire tous les députés qui honoroient le choix du peuple et tous les écrivains parlant le langage de la vérité.

C'est ainsi que dans notre malheureuse Belgique, (vous ne savez pas faire votre thême en plusieurs façons) les nobles et les prêtres furent les premiers dépouillés de leurs biens, les gens riches de tous les états ne conservèrent pas longtems leur fortune intactes, et votre insatiable cupidité s'étendit jusqu'à enlever les possessions de la veuve et de l'orphelin, des classes mêmes qui gagnoient leur pain à la sueur de leur front; et il ne nous a pas été permis de nous plaindre.

Aujourd'hui, *la conscription militaire* qui pèse sur nous, autant que sur les autres Français, a produit la guerre civile dans notre pays, si l'on peut appeler de ce nom une guerre avec des étrangers qui viennent s'introduire sur notre territoire, qui se mêlent de nous donner des *loix*, après nous avoir accablé de tous les fléaux, lors même qu'ils nous parloient d'*unité*, d'*indivisibité*, de *fraternité*, et qui veulent nous obliger, actuellement que la magie de ces mots a disparu, à nous *lever en masse*, pour combattre les ennemis de *leur patrie* qui n'est point la notre, et avec laquelle nous n'avons que trop à regretter d'avoir eu le moindre rapport d'alliance.

SIRES, connoissez-vous rien de sacré, si ce n'est ce qui vous concerne?.... Mais parce que vous êtes sans mœurs, sans honneur, sans probité, sans foi, ni loi, est-ce une raison pour que tous les peuples de la terre s'empressent de se ranger sous vos drapeaux tricolores, et qu'ils vous demandent, à deux genoux, de les soumettre à votre tyrannie? seriez-vous assez stupides pour le croire? Non, vous savez bien, vous qui n'avez tenu à aucun de vos sermens; vous qui n'avez jamais eu de parole, que si l'intérêt lie les hommes entr'eux, l'intérêt les divise aussi...; et les peuples n'ont aucun intérêt a être mis avec vous, parce que vous en avez trop à les enchaîner.. Vous faites faire des informations par vos commissaires, dans chaque commune, sur les personnes qui n'aiment point votre gouvernement, et qui font des vœux pour le retour de Louis XVIII sur le trône de ses ancêtres !.... Si ces commissaires n'étoient pas des vieux *Jacobins*, qui ont pris la dénomination de *Théophilan-tropes*, ils vous répondroient : *ce sont les deux tiers-et-demi des habitans de la république* ; .... et vous frémirez de rage au lieu de songer à per-sécuter encore, déporter ou à dévorer les per-sonnes contre lesquelles vous aurez toujours des cruautés à exercer, car celles-ci ne manqueront jamais. Elles renaîtront dans leurs parens et leurs amis, et tôt ou tard vous serez puni de vos scé-lératesses....

Mais vous voulez continuer à régner à quel prix que ce soit, en attendant *la fatale journée* ; et vous trouvez qu'il est plus doux de tenir le sceptre que vous avez usurpé, que de reprendre obscuré-ment ou paisiblement vos anciens métiers !.... *Barras* rentreroit-il dans le corps de la noblesse, qui le méprissoit autrefois, et dont il s'est dé-taché lui-même ? *Threillard* retourneroit-il de bon gré à son cabinet d'avocat, qui ne lui rap-portoit pas grand chose ayant peu de cliens ? *Laréveillière* reviendroit-il joyeusement chez un tabellion de village, et ses doigts accoutumés à signer des actes de despotisme et d'expropriations, se prêteroient ils à copier des contrats de propriétés héréditaires et légales ? *Rewbell* voudroit-il rédevenir recors chez un huissier ? et trouvétoit-il plus plaisant de porter des *exploits* (après en avoir fait du genre le plus superbe), et de se charger lui-même des arrestations juridiques après en avoir ordonné tant d'injustes ? *Merlin* consentiroit-il à reprendre ses fonctions de balayeur du collége de d'Anchin près Douai ? Et ne craindroit-il pas, les verges manquant pour lui, de ne pouvoir effacer les traces de sang qu'il a répandu de ses mains sur toute la surface du territoire français ; et, par procuration , dans tous les pays où il a expidié ses innombrables et féroces agens ?

Pardonnez , SIRES, si nous nous occupons un peu de vos affaires ! vous nous en dispenseriez peut-être, mais ne pouvant vous éviter la peine de vous immiscer beaucoup trop dans les nôtres, qu'il nous soit parmis de parler un instant et des uns et des autres.

Il faut donc que nous nous voyions condamnés à vous maintenir sur votre trône pentarchique ! ... Mais quels maux avons nous fait, de quels délits nous sommes nous rendus coupables, quels crimes avons - nous commis pour être obligés à une si rude expiation ? L'austérité de tous les pères du désert, n'équivaut pas assurément à cette pénitencé ; et plutôt que de la souffrir pour vous nous irons augmenter l'armée de Condé.

Ah ! s'il nous faut servir servons du moins la bonne cause.

Quoi ! parce que vous n'espérez aucun salut dans l'ordre des choses le plus naturel, ordre qui seroit depuis long-tems revenu, si les desirs de la partie la plus estimable de la nation, (celle au nom de laquelle vous stipulez sans doute, et vous vous perpétuez dans vos pouvoirs, sans sa participation et même sans la consulter), avoient pu la ramener !... Il faut prendre sur nous de nouvelles levées de soldats ? Il faut que le peuple, en entier, se sacrifie et s'immole pour vous ? Il faut qu'en France, en Belgique, en Suisse, en Italie, en Sardaigne, en Corse, en Hollande, que partout où vous régnez, SIRES, par le feu, le fer, le viol, le pillage, au lieu de se liguer contre vous, ou, pour mieux dire, au lieu de vous traîner aux cérémonies et d'y exposer VOS MAJESTÉS, afin de servir d'épouvantail aux assassins et aux oiseaux de proie ; les pères de familles s'attachent à leurs enfans, et ceux-ci à leurs mères, que les maris quittent leurs femmes et que celles-ci soient séparées de leurs époux ; que tous ces malheureux, que vous nommez par une cruelle ironie, *Volontaires*, se voient enlevés

à

à leurs parens, à leurs amis, à leurs domiciles, à leurs travaux, à leurs professions, à leur repo; à leurs jouissances, pour embrasser votre infernale cause, celle de l'orgueil, de la jalousie, de l'avarice, et de tous les crimes que ces passions peuvent enfanter ?... Il faut qu'ils s'exposent enfin A MOURIR POUR VOUS, en combattant des hommes avec lesquels ils n'avoient rien à démêler; et, ce qui peut être pire, à revenir un jour chez eux mutilés; comme on en rencontre un si grand nombre, ayant froidement renoncé, POUR VOUS SOUTENIR, ET POUR VOUS SERVIR, SIRES, à l'honorable avantage d'exister tout entier ?... Quelles sont les récompenses dont vous gratifiez vos meilleurs serviteurs ? l'exil ou l'échafaud. *Custine, Deflers, Biron, Beauharnais, Dillon, Pichegru, Willot, Ramel,* ont-ils obtenu d'autres bienfaits de vous que la proscription et la mort ?... Dans des *républiques,* mieux établies que la vôtre, qu'ont gagné les *Socrate,* les *Alcibiade,* les *Thémistocle,* les *Aristide,* les *Périclès,* les *Épaminondas,* les *Brutus,* les *Cassius,* les *Marius,* les *Coriolan ?* Aussi vos défenseurs se prémunissent-ils contre votre inévitable ingratitude! Le marquis de *Lafayette* quitte la France avec la caisse de l'armée de Champagne; le marquis de *Montesquiou-Fezensac,* avec celle de l'ar-

mée du Midi ; M. *Dumouriez*, avec celle de l'armée du Nord.

« C'est ainsi qu'en partant ils vous font leurs adieux ».

Le *Buonaparte* s'enrichit en Italie , et les *Dau-
nou , Bassal* (moines apostats) , etc. vont glaner
après lui , le *Rapinat ,*

Dont le nom convient fort aux souverains précaires ,

vole toute la Suisse , et VOS MAJESTÉS savent
bien quels sont les grands voleurs de notre pauvre
Belgique , de la Hollande et de la France.

Mais , le milliard que vous avez promis à
vos troupes , *lorsque* la paix sera rétablie , où
le prendrez-vous ? sur les propriétés des anciens
riches ! ils sont devenus misérables , grâces à vos
soins : sur celles des nouveaux riches ? ce seroit
sur vos fortunes ; et vous vous garderez bien d'y
porter atteinte vous-mêmes.

Cependant, SIRES, ces défenseurs, que vous
dités ceux de la patrie , et qui ne sont que les
vôtres, à moins que vous ne soyiez aussi *la patrie*,
exposent leurs jours , sans autre profit ni gloire ,
que l'honneur stérile du décret déclarant qu'*ils ont
bien mérité de la patrie* .... Mais ne craignez-vous
pas que leurs services effectifs ne se contentent
point d'une récompense toute philosophique , et
qui n'a aucune valeur aux marchés ? Eh ! qui

sait mieux que vous que l'on ne vit pas de fumée.

Ne vous y laissez plus tromper, SIRES, les difficultés que trouvent vos gendarmes, ces hommes de sang qui ont remplacé les maréchaussées, depuis que les voleurs et les assassins goûtent la tranquillité due aux honnêtes gens, et que ceux-ci sont poursuivis à la place des autres ; les difficultés que rencontrent vos satellites à faire partir pour vos armées, les conscrits et les réquisitionnaires, attestent assez que le peuple s'accoutume à vous entendre proclamer *le danger de la patrie*, sans croire à ce danger ; à moins que ce danger ne vous regarde ; et alors, qu'est-ce que cela fait au peuple ?... Il n'ignore pas que *la patrie est en danger*, lorsque vous avez quelques craintes pour vos personnes, et pour vos personnes seules ; car le peuple, SIRES, n'a rien à craindre pour lui.... Que pourroit-il donc craindre de pire que tout ce qu'il éprouve depuis dix ans ?... Les vrais souverains ne tuent pas le peuple, ils ne font même périr aucuns de leurs sujets, sans des raisons fondées sur la justice : leur gloire et leur intérêt le veulent ainsi (1). D'ailleurs, un monarque fut-il

____

(1) L'univers entier connoît l'amnistie qu'a proclamée d'avance LOUIS XVIII. Ce monarque, aussi magnanime et généreux que versé dans les sciences, pardonne à tous les Français que la révolution a égarés ; mais il ne peut

méchant comme un de vous , (et c'est beaucoup dire !) ne sauroit l'être comme vous tous et vos confrères.

Mais vous , SIRES , votre conservation , si essentielle au bonheur de vos familles *patriotes* , exige que vous anéantissiez tout ce qui n'est pas pour vous ; car tout ce qui n'est pas pour vous est contre vous ; mais le levier destructeur que vous avez employé jusqu'ici , cédant à tant d'efforts multipliés , se brise entre vos mains ; et le glaive des bourreaux que vous avez armés contre nous et les nôtres , se tournera bientôt vers vos têtes homicides.

N'est-il pas tems que la Providence daigne mettre un terme à nos affreuses calamités ? et n'avons-nous pas assez expié nos fautes et vos crimes ? J'ose vous le prédire , votre règne , SIRES , ne sera pas de longue durée.

Ne pensez pas vous sauver d'après l'infernal tactique de *Syeyes* et de *Merlin* !... Plus vous exercerez de cruautés , plus vous vous rendrez généralement exécrables ; car il n'est pas un seul de ceux que vous persécutez , que vous incarcérez , que vous fusillez , que vous déportez dans un île presqu'inhabitable , qui n'ait pas des parens et des

---

ni ne doit étendre ce pardon aux vrais assassins de la famille royale ; INDÈ MALI LABES.

ainsi épousant en secret sa querelle , et jurant *in petto* de se venger sur vous , dignes auteurs de tant de barbaries.

Anciens camarades de *Robespierre* , régicides qui , en jugeant cet illustre complice , avez prononcé votre sentence , SIRES , vos réquisitions et votre conscription vont contre votre but. Apprenez-le de nous , elles *royalisent* vos armées... Vous avez beau faire encadrer ces jeunes gens dans les vieux corps! ou ils rendront les *cadres* propres aux sujets qu'ils renferment , ou ILS EN SORTIront dès que l'occasion s'en présentera.

Vos *Garat-septembre* répéteront en vain à la tribune et dans leurs misérables feuilles , tous les mensonges qu'il vous plaira de leur dicter , le peuple d'un département n'est pas plus satisfait de votre administration vexatoire , que le peuple d'un autre , et vos oracles Sybillins sont les jouets des vents... Les journalistes qui vous sont vendus ou qui redoutent votre inquisition (& l'on n'en lit plus d'autres) , s'efforcent de persuader que le règne de la terreur n'existe plus ; mais qui trompent-il ? n'êtes vous pas encore sur le trône vous qui ne devriez être *qu'à la rame* ? Et les loix que vous dictez insolemment à vos sicaires , créés par vous législateurs , ne font-elles pas plus horribles que les loix de *Dracon* ? N'avez - vous pas dégagé les enfans de l'obéiffance qu'ils doivent à leurs pères ? et malgré cela ne rendez-vous point refponsable les pères de ce que leurs enfans, fur lesquels ils n'ont plus de pouvoir, ne vont pas rejoindre vos drapeaux sanglans ? les visites domiciliaires n'ont-elles plus lieu ? vos prisons ne régorgent-elles pas toujours de *suspects* ? A la vérité vous ne faites plus comparoître ces malheureux à des *tribunaux révolutionnaires*, mais vos commissions dites militaires et composées de mitrailleurs, sont-elle autre chose que des tribnnaux de *Fouquier* ? Vous ne faites plus guillotiner sur les places publiques, mais vous faites fusiller dans les plaines ; et c'est peut-être une atrocité plus rafinée, car le peuple commençoit à se lasser de voir couler son propre sang dans les rues, et les sillons boivent celui qu'il ne voit plus.

Vous conduisiez autrefois, *triomphalement*, vos victimes à l'échafaud, maintenant vous les envoyez à la mort dans des charriots couverts et bien escortés. Pour arrêter dans les rues une homme que vous voulez faire périr, vous n'avez plus besoin de prétexte ; aujourd'hui vos espions, que vous qualifiéz du titre de *surveillans* et *d'officiers de paix*, ne sauroient arrêter quelqn'un sans l'accuser publiquement de leurs propres crimes et des vôtres, SIRES, de vol et d'assassinat ; aussi ne se laisset-on plus saisir qu'à son corps défendant, et n'est-il pas du droit naturel de repousser la force par la force ?

D'après ce que nous souffrons tous, excepté vous et vos agens, SIRES, comment ne desire-rions-nous pas un nouvel ordre d'administration, auquel nous ne pouvons que gagner ? Comment ne pas rappeler même hautement la royauté, et la rétablir avec justice dans la personne de LOUIS XVIII ?.. Toute la France est ROYALISTE ; toute la Belgique est pour l'EMPEREUR ; l'Italie et tous les pays chrétiens sont fidèles au PAPE.

Nous allons SIRES, remettre sous vos yeux des *tableaux comparatifs*, que vous n'aimez pas! mais c'est une vengeance bien douce, en compa-raison des amertumes, dont vous ne cessez de vous abreuver. En attendant ces tableaux, souffrez que nous vous offrions quelques vers tombés d'un de nos porte-feuilles.

LES CINQ SENS.

Mes yeux auroient horreur de les appercevoir !
    Ils ont bu le sang de mon père.
    Ils ont brisé le sceptre et l'encensoir...
Que n'ai-je la puissance égale à la colère !

J'entends encor loin deux leurs sanguinaires voix

Toujours hurler des cris de guerre...

Je connois trop leurs féroces exploits !

C'est à ces assassins que je dois ma misère.

Mes mains ne sauroient les toucher...

Ils sont le fléau de la terre ,

Et , chercher un fléau , n'est-ce pas s'exposer

A périr mille fois frappé par le tonnère ?

Comment pourrois-je les sentir

Ces sépulchres blanchis ? Ah ! leur faim meurtrière

Annonce qu'il vont engloutir

La génération entiere.

A l'avenir , pourrai-je les goûter ?

Ma famille par eux est toute prisonnière...

Tout nos biens sont saisis... Que peuvent-ils m'ôter?...

L'espoir !... Il me suivra jusquà l'heure dernière.

PARALLÈLE

PARALLELE (*)

Entre la France, pendant la Royauté, et le même empire en République - oligar-chique - ochlocratique.

AUTREFOIS.	MAINTENANT.
Un Roi.	Cinq directeurs.
Une Reine.	Cinq directrices.
Une famille royale.	Cinq familles de directeurs.
Une cour.	Cinq cours.

(*) Le *9 vendémiaire* an V, ou le trois septembre 1796, ce parallèle fut l'objet d'un comité secret du conseil des Cinq-Cents, dont le résultat démontre que *toutes les vérités ne sont pas bonnes à dire*; car un message adressé au Directoire, le chargea de poursuivre extraordinairement le comte de *Barruel-Beauvert*, auteur de cet odieux rapprochement. Mais nous l'avons retrouvé dans un ouvrage périodique, rédigé par la même plume, jusqu'au 18 fructidor de l'an VI, ou 4 septembre 1797, et nous nous sommes permis d'y ajouter quelques petits articles exigés par les circonstances. Nous saisirons cette occasion de rendre au comte de *Barruel* la justice que mérite la courageuse franchise qu'il n'a cessé de montrer dans sa conduite et dans ses opinions.

AUTREFOIS.	MAINTENANT.
Une maison militaire.	Les *questeurs* ou la garde des *préteurs*.
Décorations qui annonçoient la naissance ou le mérite, et quelquefois l'un et l'autre.	Décorations qui ne supposent jamais ni le mérite ni la naissance.
Un grand conseil.	Conseil de 500 mi-légifères.
Un conseil. privé	Conseil de 250 autres mi-légifères : au total 750 légifères.
Des parlemens.	Des tribunaux qui se réunissent dans quelques circonstances. Tribunaux civils, tribunaux militaires, cour de cassation, conseils militaires, &c.
Un chancellier.	Un ministre de la justice révolutionnaire.

Il vient de faire imprimer, à Francfort, des *mémoires sur la révolution*, qui sans doute inspireront un grand intérêt, et ne tarderont pas à s'introduire en France, malgré le s *Quinquem-virs*.

AUTREFOIS.. MAINTENANT.

AUTREFOIS.	MAINTENANT.
Un ministre de l'in-rieur.	*Idem.*
Un ministre de la guerre.	*Idem.*
Un ministre de la marine, avec une mari-formidable.	*Idem*, et sans marine.
Un contrôleur géné-ral des finances.	Un ministre des fi-nances, sans argent.
Un ministre des af-faires étrangères.	Un ministre des af-faires *étrangères*.
Un lieutenant de po-lice, réprimant les dé-sordres.	Un ministre de la po-lice, poursuivant ceux qui aiment et desirent le bon ordre. Plus un bu-reau central : plus des municipalités : tout dans le même sens.
Des espions et des mouchards.	Des espions et mou-chards, ou surveillans et officiers de *paix* etc. au centuple.
Police très - exacte, même pendant la nuit.	Police qui ne peut, ou qui ne veut s'opposer aux assassinats, même pendant le jour.

AUTREFOIS.	MAINTENANT.
Des sénéchaussées et des bailliages.	Des juges de paix dans toutes les villes et les cantons.
Des avocats.	Des hommes de loi.
Une bastille, ne servant qu'à renfermer des nobles, ou des auteurs, ou des libraires qui avoient bien mérité d'être punis.	Bien plus de prisons *d'état* que de municipalités ! ou tous les *suspects*, de tous les âges et de toutes les conditions, ont été et sont encore enfermés, et d'où ils ne sortent guères que pour reperdre leurs libertés ou leurs vies.
Lettres de cachet, une ou deux par an, ordinairement bien appliquées.	Mandats-d'arrêt arbitraires : nombre incalculable, indéfini ; arme d'autant plus dangéreuse qu'elle est entre les mains de tous les agens du gouvernement.
Trente intendans de province.	Quatre-vingt huit administrations de départemens.
Des gouverneurs et	Des *proconsuls*, com-

AUTREFOIS.	MAINTENANT.
des commandans.	mandans temporaires, commissaires du pouvoir exécutif, etc.
Des intendans de commerce, mines, etc.	*Idem.*
Des académies.	Des Gymnase, des Odéon, des Musées, des Pyrées, des Lycées, des institut-national, etc
Une religion dominante.	Plus de religion d'aucune espèce; excepté les farces payennes des *Jacobins Théophilantropes*, que le peuple appelle filoux-en-troupe.
Églises riches, en argenterie et bijoux.	Eglises entièrement dépouillées et dans lesquelles les sépultures mêmes n'ont pas été respectées.
Calendrier datant de l'époque de la mort de Jesus-Christ, et presqu'universellement établi,	Calendrier que l'athèe *Lalande* se fait gloire, dans une lettre au ci-devant chevalier de *Cubières*, d'avoir imagi-

AUTREFOIS.   MAINTENANT.

né. Les républiques française, cisalpine, transpadine (ou transpadâne et cispadâne) doivent lui savoir d'autant plus gré du sacrifice de cette découverte, qu'elle est la seule que le citoyen *Lalande* ait faite en *astronomie*.

Abondance de numéraire.

Numéraire accaparé, exporté, enfoui, disparu en grande partie.

Vingt - six millions d'habitans sur le territoire français.

Dix - huit millions d'habitans tout au plus.

Miliciens tirés au sort avec des exceptions pour les fils uniques des laboureurs et leurs fils ainés, &c : encore le tirage de la milice ne s'opéroit-il qu'à des intervalles de plusieurs années.

Volontaires marchant liés et garotés. Plus les réquisitions ; plus les colonnes mobiles ; plus la conscription , sans aucune exemption , pour être les défenseurs de ceux qui se disent *la patrie.*

AUTREFOIS.

Le peuple ne manquant jamais des choses de première nécessité.

Abondance de pain dans tous les tems.

Droits d'entrée, &c.

MAINTÈNANT.

Peuple depuis dix ans dans la détresse et dans la misère, mais rassasié de *fêtes civiques.*

Sous la convention nationale dont les deux tiers font encore des loix, er le restant est employé dans les places d'ambassadeurs, de généraux, de commissaires, de fournisseurs, &c., chaque particulier réduit à deux onces de pain, pendant plus de six mois.

Suppression des barrières droits d'entrée, &c., mais payant *franchement* le double plus cher tous les commestibles... Rétablissement des mêmes droits et barrières, sans diminution du prix des denrées.

AUTREFOIS.	MAINTENANT.
Quelques impôts nécessaires à la conservation de l'état.	Des contributious mobiliaires ; des contributions foncières : l'impôt territorial ; l'impôt sur les cheminées, l'impôt sur les portes ; l'impôt sur les fenêtres ; l'impôt sur les voitures ; l'impôt sur les chevaux ; l'impôt du timbre ; l'impôt sur le papier ; les emprunts forcés ; les taxes révolutionnaires ; les taxes supplémentaires ; des impôts sans fin sans cesse , et sur le marché des *sous additionnels* , sans autre motif apparent que la ruine universelle.
Des maîtrises une fois payées.	Des patentes qui se renouvellent tous les ans.
Loterie Royale.	Loterie d'abord réformée ensuite recréée *républicainement*.
Mont de Piété : établissement	Mont de Piété, d'ablissement

AUTREFOIS.

blissement fort utile et d'une grande sûreté.

Effets publics en crédit, même chez l'étranger.

Rentes dont le payement étoit quelquefois en retard, mais toujours acquitté avec une valeur réelle.

Cinquante-six millons

MAINTENANT.

bord réformé ensuite recréé; mais au profit d'une compagnie de brigands.

Assignats, mandats, *bons*, etc. sans valeur, même chez les *Indigènes*.

Rentes qui n'ont été payées qu'avec un papier-monnoie, n'offrait d'autre confiance que la méfiance et d'autre sûreté que la nullité. Par conséquent il faut trancher le mot, BANQUEROUTE nationale et frauduleuse. Aujourd'hui l'on paye encore les trois-quarts de chaque rente avec des *bons* qui perdent 88 pour cent, et autres papiers dits *consolidés*. (*Sur les brouillards de la Seine.*)

Plus de cinquante mil-

AUTREFOIS.   MAINTENANT.

de *déficit* pour lequel la famille royale avoit réformé une grande partie de sa maison et de son luxe.

liards de *déficit*, lequel augmente journellement ainsi que la dépense et le luxe des cinq SIRES et des députés, de leurs femmes, de leurs enfans, de leurs parens et de leurs maîtresses.

Liberté sous le nom d'esclavage.

Esclavage sous le nom de liberté.

Maréchaussée : n'étant redoutable qu'aux voleurs et aux assassins.

Gendarmerie, à la pour suite des honnêtes gens.

Respect aux personnes et aux propriétés.

Idem, sur le papier; mais dans le fait, brigandages exercés envers les personnes et les propriétés.

Tous les hommes sous l'obéissance des loix.

Loix violées par les *législateurs* eux-mêmes, et à leur exemple, par les cinq SIRES, et tous leurs employés.

Subordination, bon

Indiscipline, anar-

AUTREFOIS.   MAINTENANT.

AUTREFOIS.	MAINTENANT.
ordre.	chie.
Propriétaires tranquilles.	Propriétaires persécutés, incarcérés, déportés, noyés, fusillés, mitraillés, brûlés, pendus, guilloriné; … selon le bon plaisir des tyrans.
Riches devenus misérables.	Mandians enrichis.
Emplois occupés, en général, par des hommes bien famés, instruits, et ayant reçu une bonne éducation.	Emplois accordés, en général, à des hommes diffamés, ignorans, impudens et grossiers.
Protection aux talens et à la vertu.	Protection aux voleurs, aux assassins, aux seuls êtres recommandables par leurs vices, leurs crimes et l'esprit d'une fausse philosophie.
Echafaud pour la scélératesse.	Amnistie pour la scélératesse; échafaud pour l'innocence; exil ou meurtre aux *suspects*.
Les antiques fleurs-	Les couleurs de la li-

AUTREFOIS. MAINTENANT.

de - lys, symbole de l'honneur, gravées dans les cœurs des français qui occupoient jusqu'aux emplois les plus subalternes.

vrée *d'Orléans* ayant remplacé l'éclatante blancheur des lys; et les fleurs-de-lys, en signe d'opprobre et d'avilissement, empreintes sur les épaules des *citoyens* qui se sont le plus distingués dans l'établissement du *gouvernement provisoire*, appelé, mal-à-propos, *république démocratique.*